Méditations de Gandhi

Méditations de
Gandhi

ÉDITIONS DU
ROCHER
Jean-Paul Bertrand

Crédits photographiques : P. 24 : 1906, © AKG Photo. P 29 : 1946, © Collection Viollet. P. 33 : 1930, la Marche du sel, © L'Illustration/Sygma. P. 36 : Bains rituels, © AKG Photo. P. 41 : Répression d'une manifestation, © L'Illustration/Keystone. P. 44 : Dispersion d'une manifestation par la police montée anglaise, © Harlingue-Viollet. P. 50 : Le *sadhu*, saint homme, prie, © L'Illustration/Keystone. P. 58 : 1906, © AKG Paris. P 61 : 1936, les cannes de bambou utilisées lors d'affrontements entre Hindous et Musulmans, © Keystone/Sygma. P. 65 : 1947, la partition de l'Inde donne lieu à d'importants déplacements de population, © Keystone. P. 69 : 1945, AKG/Gandhi Photo Service. P. 76 : 1946, le rouet, © AKG/Gandhi Photo Service. P. 78 : 1931, © Keystone. P. 85 : 1906, © AKG Paris. P. 87 : 1946, © AKG/Gandhi Photo Service.

ISBN 2 268 027953

Achevé d'imprimer en décembre 1997
dans les ateliers de Normandie Roto Impression s.a. 61250 Lonrai
N° d'imprimeur : 972705
Dépôt légal – décembre 1997
Imprimé en France

Chronologie

2 octobre 1869

Naissance de Mohandas Karamchand Gandhi à Porbandar, province de Gujarat. Sa famille appartient à la caste des marchands. Sa mère, très pieuse, l'initie à l'hindouisme.

1883

Mariage à l'âge de treize ans.

1885

Son père meurt, ainsi que l'enfant premier-né de son mariage.

1888

Gandhi part pour Londres étudier le droit. Il promet à sa mère de suivre les préceptes religieux à la lettre, et découvre la *Bhagavad Ghita*. Cette période sera aussi marquée par la découverte des religions chrétienne et musulmane. La lecture des Évangiles a une certaine influence sur ses conceptions religieuses et morales.

1891

Retour de Londres. Gandhi apprend la mort de sa mère. Il commence à exercer en tant qu'avocat à Bombay puis à Rajkot.

4 avril 1893

Départ pour l'Afrique du Sud. Il découvre la discrimination très forte qui y règne, et commence à se battre pour la dignité des immigrés indiens.

1894

Gandhi fonde le Congrès indien du Natal et la Natal Educational Association. Il conteste, notamment, la décision des autorités de priver les Indiens du droit d'élire des membres du corps législatif. Il entame sa lutte officielle pour la reconnaissance des droits des Indiens en Afrique du Sud, lutte qu'il soutiendra durant vingt ans.

1899

Deuxième guerre des Boers. Gandhi, loyal défenseur de la Grande-Bretagne, fonde le corps des ambulanciers volontaires indiens, qu'il mènera. Il considère que la volonté d'avoir la citoyenneté anglaise implique des devoirs, et que participer à l'effort de guerre est une obligation.

1901

Parallèlement à ses combats politiques, Gandhi s'engage dans une recherche personnelle : il réduit ses dépenses, restreint son train de vie, commence à jeûner.

1906

Après la révolte des Zoulous, pendant laquelle Gandhi s'engage à nouveau comme brancardier volontaire, le gouvernement du Transvaal tente de réduire les droits des Indiens. On veut les obliger à se faire enregistrer auprès des autorités, empreintes digitales à l'appui. Gandhi lance sa première campagne de « résistance passive », le *satyagraha*. Il fait vœu de chasteté, *brahmacharya*, pour avancer sur la voie de la purification.

1er janvier 1907

Le Transvaal, devenu indépendant, vote la fameuse loi, alors que Gandhi avait reçu des assurances du secrétaire d'État aux colonies qu'elle ne serait pas ratifiée. Il refuse de se faire enregistrer, est arrêté et demande la peine la plus sévère : premier emprisonnement.

1910

Gandhi fonde son premier ashram, la ferme Tolstoï, en hommage à l'écrivain, qu'il admire particulièrement pour sa glorification de la collectivité et du travail sous toutes ses formes. Un an auparavant, s'est établie une correspondance entre les deux hommes, interrompue par la mort de Tolstoï.

1913

Smuts, ministre du gouvernement de l'Union, après avoir trahi une première fois Gandhi en ne tenant pas ses engagements, fait décider par la Cour suprême que seuls les mariages chrétiens seront légaux. Un vaste mouvement de protestation commence.

1914

Des centaines d'opposants ont été emprisonnés, Gandhi lui-même a fait plusieurs séjours

en cellule, mais le résultat est là :
les ordonnances sont abandonnées, et sept années de lutte s'achèvent le 30 juin 1914, avec les accords entre Gandhi et Smuts.

Janvier 1915

Gandhi est de retour en Inde. Tagore lui donne le titre de *mahatma*, « grande âme ».

25 mai

Fondation de l'ashram du Satyagraha. Il y reçoit une famille d'intouchables.

1917

Gandhi lance la première campagne de résistance passive en Inde, dans la région de Champaran, pour les droits des paysans. Son succès dans ce premier combat suscite bientôt une rumeur puissante. Les ouvriers des filatures d'Ahmedabad lui demandent son aide. Il accepte de les défendre, les incite à faire grève et, voyant que rien n'aboutit, annonce qu'il jeûnera jusqu'à la satisfaction de leurs revendications, satisfaites dès le surlendemain. Quatorze fois dans sa vie, Gandhi pratiquera le jeûne pour obtenir gain de cause.

28 février 1919

Alors que la guerre est finie, la Grande-Bretagne promulgue la loi Rowlatt, qui prolonge en temps de paix les restrictions décidées en temps de guerre. Gandhi lance immédiatement une nouvelle forme de protestation, le *hartal*, ou grève générale : le 30 mars, la vie est suspendue à Delhi à Lahore ; le 6 avril à Bombay. Gandhi stigmatise la violence des émeutes. Le Mahatma décide de suspendre le mouvement de *satyagraha*.

Le 13 avril

À Amritsar, l'armée tire dans la foule, faisant plus de trois cents morts. Gandhi lance les journaux *Young India* et *Navajivan*, et émet pour la première fois l'idée de non-coopération, lors de la conférence du califat du 17 octobre.

1920

Le Congrès adopte le mot d'ordre de non-coopération. Gandhi renvoie ses médailles, brûle les vêtements à l'européenne : les tissus étrangers ne doivent plus être portés par les Indiens. Il faut relancer l'artisanat local. C'est le mouvement de la *swadeshi*. Le rouet devient le symbole de la lutte de Gandhi, qui ne porte plus comme vêtement qu'une bande de khadi, tissu de coton fait à la main.

1921

Les émeutes se succèdent. Vingt mille Indiens, dont de nombreux leaders, sont en prison.

18 mars 1922

Arrêté et jugé, Gandhi est condamné à six ans de prison ; il sera libéré au bout de deux années.

1924

À sa libération, le mouvement est moribond, et les communautés hindoue et musulmane sont à couteaux tirés. Il va jeûner pendant vingt et un jours pour leur réconciliation.

1925

Gandhi est porté à la présidence du Congrès, mais après un jeûne personnel, il transmet cette présidence à la poétesse Sarojini Naidu.

1926

Gandhi fait le vœu d'un an de silence politique, après un *satyagraha* pour les intouchables à Vykom.

1927

Après cette année de silence, il reprend le combat, avec des thèmes supplémentaires : la lutte contre le mariage des enfants, la protection de la vache et la promotion de l'hindoustani à la place de l'anglais comme langue nationale.

1928

Le Mahatma, que l'on appelle à présent du surnom affectueux de Bapu, Grand-Père, relance le *satyagraha*, contre l'augmentation de taxes paysannes.

12 mars 1930

Gandhi entame une marche vers la mer, la « Marche du Sel » de près de trois cents kilomètres, accompagné de soixante-dix membres de son ashram : il donne l'ordre de ne pas respecter la législation sur le sel. La non-coopération est relancée. Bientôt,

ils sont plusieurs milliers à suivre Gandhi.
Soixante mille personnes sont emprisonnées.
Il est arrêté le 5 mai.

Novembre 1930
La première conférence de la Table ronde se réunit à Londres, sans représentant du Congrès.

1931
Gandhi est relâché. Il négocie avec le vice-roi la présence de membres du Congrès à la prochaine Table ronde et signe le pacte de Delhi. Il voyage en France, en Suisse, en Italie, et rencontre Romain Rolland ainsi que Mussolini.
Lors de la seconde Table ronde, les dissensions entre les différentes communautés sont telles que l'échec est inévitable, chacune demandant un régime particulier.

1932
À son retour en Inde, Gandhi découvre de nouvelles lois édictées par les Britanniques contre les intouchables. Il entame un jeûne à mort, qui débouche sur le pacte de Yeravda (24 septembre).

26 juillet 1933

Gandhi dissout son ashram.
Il se lance dans diverses désobéissances civiles individuelles, qui sont causes de plusieurs arrestations. Condamné à un an de prison, il est relâché assez rapidement, mais se considère comme prisonnier jusqu'à la fin de sa peine théorique (un an). Premiers numéros du journal *Harijan*, qui remplace *Young India*, suspendu par le gouvernement.

1934

Gandhi démissionne du parti du Congrès, considérant que l'engagement de celui-ci dans la non-violence ne fait que répondre à une tactique électoraliste. Il entame une nouvelle campagne pour reconstruire l'Inde en partant de ses racines, et fonde l'Association panindienne des industries de villages.

14 septembre 1939

Le Congrès condamne l'agression nazie contre la Pologne et offre une aide militaire à l'Angleterre en échange de l'indépendance. Gandhi est partagé entre son horreur du nazisme et son horreur de la guerre.

L'Angleterre refuse le marché, et Gandhi est réélu à la tête du Congrès. Il prône des *satyagrahas* individuels et fait prêcher la non-coopération à l'effort de guerre.

13 avril 1942

Gandhi lance le mot d'ordre « Quit India » contre les Britanniques. La dernière grande campagne de *satyagraha* est lancée : il appelle à la rébellion ouverte. Arrêté et incarcéré dans le palais de l'Agha Khan à Poona, il jeûne mais n'arrive à rien : la guerre justifie tout. Le jeûne est interrompu après une vingtaine de jours.

22 février 1944

Mort de Kasturbai, sa femme.

6 mai

Gandhi, malade, est relâché. Il rencontre Muhammad Ali Jinnah, le leader musulman, afin de parler des alliances entre les hindous et les musulmans. Les négociations échouent finalement, car Jinnah est farouchement déterminé à obtenir une partition de l'Inde en deux États.

16 août 1946

Journée d'« action directe » décidée par Jinnah. Quatre jours plus tard, il y a cinq mille morts à Calcutta. Gandhi reprend son bâton de pèlerin pour tenter de réconcilier les deux communautés.

Mars 1947

Conférence avec lord Mountbatten, vice-roi des Indes, et Jinnah. L'Inde sera partagée ; le Pakistan est né.

15 août

Proclamation de l'indépendance de l'Inde. La partition de l'Inde est une « tragédie spirituelle » pour Gandhi, qui refuse les honneurs et ne fait aucune déclaration officielle.

30 janvier 1948

Gandhi est assassiné par un extrémiste hindou, Nathuram Vinayak Godse.

Mohandas Karamchand Gandhi a passé 2 338 jours de sa vie en prison.

Mon père était profondément attaché à son clan ; loyal, courageux et généreux, il s'emportait facilement. Il se peut même qu'il ait été enclin, dans une certaine mesure, aux plaisirs de la chair. Mais il était incorruptible et réputé pour sa stricte impartialité, aussi bien avec sa famille que dans sa vie publique. *AEV*

Le souvenir que je garde de ma mère est dominé par une impression de sainteté. Elle était profondément religieuse. Pour rien au monde elle n'aurait manqué de dire ses prières avant les repas… Elle faisait les vœux les plus exigeants et les observait sans défaillance. La maladie ne lui tenait pas lieu d'excuse pour en être déliée. *AEV*

J'étais très timide ; j'évitais toute société. Je n'avais pour tous compagnons que mes livres de classe. Chaque jour, j'arrivais ponctuellement à l'école et, aussitôt la classe terminée, c'est littéralement en courant que je rentrais chez moi ; car pour rien au monde je n'aurais voulu parler à qui que ce soit. J'avais même peur qu'on se moquât de moi. *AEV*

Je ne me faisais guère d'illusions sur mes possibilités. J'étais toujours surpris quand il m'arrivait de remporter un prix ou de mériter une bourse. Mais dès qu'il s'agissait de ma réputation, je devenais des plus susceptible. À la moindre atteinte qui pût la ternir, je fondais en larmes. *AEV*

Je dois dire qu'en dehors des cas où elle m'exposa au ridicule, cette timidité insurmontable n'a jamais tourné à mon désavantage. Bien au contraire, j'ai mis ce handicap à profit en apprenant à devenir concis. Jadis, je cherchais mes mots. Aujourd'hui je prends plaisir à en réduire le nombre. *AEV*

Pour ma mère, ce fut un dilemme douloureux… Quelqu'un lui avait dit que l'Angleterre était un lieu de perdition pour les jeunes gens. Au dire de certains, on y prenait l'habitude de manger de la viande et on en venait à ne plus pouvoir se passer d'alcool. Je fis le vœu de ne toucher ni aux femmes, ni au vin, ni à la viande. Ceci fait, ma mère me donna son autorisation. *AEV*

Mon séjour d'un an à Pretoria fut une des expériences les plus décisives de ma vie. C'est là que j'eus l'occasion de m'initier aux affaires publiques et d'y acquérir une certaine compétence. À cette époque aussi, l'esprit religieux qui m'animait devint pour moi une source d'énergie. Enfin, c'est également à Pretoria que j'appris vraiment à exercer mon métier d'avocat. *AEV*

J'ai compris que le véritable rôle de l'avocat est de chercher à réconcilier les deux parties en présence. J'en étais si convaincu que j'ai consacré une bonne partie de mes vingt années d'exercice à régler une centaine d'affaires par des transactions acceptées à l'amiable. Je n'y perdis aucun argent ni certainement mon âme. *AEV*

Si je me suis entièrement consacré au service de la communauté, c'est afin de mieux répondre aux exigences de ma vie intérieure. J'avais fait de ma volonté de servir ma propre religion. Je sentais que c'était là le seul moyen pour aller à Dieu. Or, servir, pour moi, c'était servir l'Inde parce que cela s'était présenté ainsi, tout simplement, sur mon chemin et que j'avais certaines aptitudes pour répondre à cet appel. *AEV*

Il fut un temps où j'hésitais entre l'hindouisme et le christianisme. Lorsque je recouvrai mon équilibre, je sentis que seule la religion hindoue me conduirait au salut. Ma foi sortit de cette crise plus profonde et plus éclairée. *THF*

Oui, j'ai conscience de mes propres limites. Mais de cette conscience me vient le peu de force dont je dispose. Tout ce qu'il m'a été donné de pouvoir faire dans ma vie est dû principalement au fait qu'à travers mes limites, j'ai découvert l'action d'une force autre que la mienne. *THF*

Je suis un pauvre mendiant. Pour tous biens terrestres, j'ai six rouets, quelques écuelles de prisonnier, un pot à lait de chèvre, six pagnes et des serviettes tissés à l'ashram, et enfin ma réputation, qui ne saurait valoir grand-chose.

Déclaration faite à l'administration des Douanes le 11 septembre 1931 à Marseille.

Il y a de cela quarante ans, alors que je traversais une grave crise de scepticisme et de doute, il m'arriva de tomber sur le livre de Tolstoï *Le Royaume de Dieu est en vous*. Cette lecture me fit une profonde impression. À cette époque-là, je croyais à la violence. Après avoir lu cet ouvrage je fus guéri de mon scepticisme et crus fermement à l'*ahimsa*. Ce que j'admire le plus dans la vie de Tolstoï, c'est qu'il mettait en pratique ce qu'il prêchait et ne reculait devant aucun sacrifice pour chercher la vérité.

THF

Avec Tolstoï, la Russie m'a donné un maître capable de fonder en raison ma non-violence tout empirique. Tolstoï

donna sa bénédiction au mouvement que j'avais créé en Afrique du Sud, alors que ma tentative était encore dans l'enfance et ne laissait deviner que peu de ses possibilités étonnantes. C'est lui qui avait prophétisé, dans la lettre qu'il m'adressa à cette époque, que mon action apporterait un message d'espérance aux peuples opprimés. *THF*

Non-violence, vérité, abstention de vol, chasteté, non-possession, travail corporel, inactivité des organes du goût, intrépidité, respect égal pour toutes les religions, *swadeshi*, esprit de fraternité sans exclusivité — ces onze vœux doivent être observés dans un esprit d'humilité. *LA*

On croit en général que pour obéir à la loi de la Vérité, il suffit de dire la vérité. Dans notre ashram, nous devons donner au mot *satya* ou vérité une signification beaucoup plus étendue. La Vérité doit se manifester dans nos pensées, dans nos paroles et dans nos actions. Pour celui qui a réalisé la Vérité dans sa plénitude, il ne reste plus rien à apprendre, car toute connaissance est nécessairement comprise dans la Vérité. *LA*

L'*ahimsa* n'est pas la chose simple et grossière qu'on a dépeinte. Ne faire de mal à aucun être vivant est sans doute une partie de l'*ahimsa*, mais ce n'en est que le plus petit aspect. Le principe de l'*ahimsa* est enfreint par toute pensée mauvaise, par toute hâte injustifiée, par le mensonge, la haine, le fait de souhaiter du mal à quiconque. On le viole également lorsque l'on retient pour soi ce dont le monde a besoin. *LA*

L'*ahimsa* est le moyen, la Vérité est le début. *LA*

Mais supposons qu'un ami se débatte dans les affres de l'agonie. Le mal dont il souffre est incurable et je ne peux rien pour atténuer son supplice. Dans ce cas, s'il n'a même plus de conscience réfléchie, le recours à l'euthanasie ne me semblerait nullement contraire aux principes de l'*ahimsa*. *THF*

Un objet, même s'il n'a pas été acquis par le vol, doit néanmoins être considéré comme dérobé si on le possède sans en avoir besoin.

C'est en ignorant ou en négligeant la Loi divine, qui donne à l'homme chaque jour son pain

quotidien et pas davantage, que nous avons fait naître des inégalités avec toutes les misères qui les accompagnent.
Il faut nous débarrasser de toute crainte extérieure. Mais il faut toujours craindre les ennemis intérieurs. Le corps est le centre autour duquel toutes les craintes [extérieures] évoluent, et par conséquent elles disparaissent dès qu'on s'est libéré de l'attachement pour le corps. Nous voyons ainsi que toute crainte extérieure est tissée sans aucun fondement par notre façon de voir les choses. *LA*

Travailler pour gagner son pain est une véritable bénédiction pour celui qui veut observer la non-violence, adorer la Vérité, et faire que la pratique de *brahmacharya* lui devienne naturelle. Ce genre de travail doit véritablement se rapporter à l'agriculture, mais, pour le moment du moins, tout le monde n'est pas en mesure de l'exercer. Aussi peut-on s'occuper de filage, de tissage, de travaux de menuiserie ou de forge, au lieu de cultiver la terre, mais il faut toujours considérer l'agriculture comme l'idéal. *LA*

La non-violence a pour condition préalable le pouvoir de frapper. C'est un refrènement conscient et délibéré du désir de vengeance que l'on ressent. La vengeance est toujours supérieure à la soumission passive, impuissante, mais la vengeance est aussi faiblesse. Le désir de vengeance naît de la crainte d'un mal imaginaire ou réel. Celui qui ne craint nul homme sur terre trouverait pénible de se mettre en colère contre quelqu'un qui essaie en vain de lui faire du mal.

Young India, 12 août 1926.

Pour devenir une force réelle, la non-violence doit commencer avec l'esprit. La non-violence qui n'embrasse que le corps, et dans laquelle l'esprit ne collabore pas, est celle du faible et du lâche ; il ne peut en sortir aucune puissance. Si nous entretenons dans notre cœur la malice et la haine et que nous faisons semblant de ne pas vouloir la vengeance, celle-ci devra faire un retour sur nous, et elle nous conduira à notre perte. Pour que l'abstention de toute violence uniquement physique ne soit pas nocive, il faut au moins ne pas avoir de pensée haineuse, même si nous ne pouvons développer en nous un amour actif.

Young India, 2 avril 1931.

La violence ne libère pas de la peur, mais cherche à combattre la cause de la peur. Au contraire, la non-violence est exempte de toute peur... La seule crainte qu'on garde est celle de Dieu. Celui qui cherche refuge en Dieu ne tarde pas à entrevoir l'*atma* qui transcende le corps... La violence est nécessaire pour protéger les biens temporels. La non-violence est indispensable pour assurer la protection de son honneur et de l'*atma*. *THF*

Certains soutiennent que notre nourriture n'affecte nullement l'âme, puisque celle-ci ne boit ni ne mange ; ce qui compte ne vient pas de l'extérieur mais sort de notre cœur. Cet argument, sans doute, ne manque pas de force. Mais plutôt que de m'attarder à en discuter la valeur, je me contenterai de faire état de ma ferme conviction en ce domaine : diminuer en qualité et en quantité son régime alimentaire est aussi nécessaire que de contrôler ses pensées et tenir sa langue, si on veut vivre dans cette crainte de Dieu qui nous conduira un jour à Le voir face à face. *AEV*

L'expérience m'a appris cependant que c'était une erreur d'apprécier la valeur d'un aliment selon sa saveur. On ne doit pas manger pour le plaisir du palais mais pour garder au corps toute sa vigueur. Quand les organes des sens sont soumis aux exigences de la santé et que le corps obéit à l'âme, le désir de jouir perd son pouvoir tyrannique et nos fonctions physiologiques répondent aux intentions de la nature. *AEV*

C'est en 1908 que, pour la première fois, j'allai en prison. Je notais que les prisonniers étaient soumis à certaines règles que devrait s'imposer volontairement tout *brahmachari* soucieux, par définition, de progresser en ascèse. Ainsi, par exemple, il fallait avoir terminé son dernier repas avant le coucher du soleil. Les prisonniers indiens et africains n'avaient droit ni au thé ni au café. Le sel était le seul assaisonnement dont ils disposaient, à l'exclusion de toutes les épices qui excitent le goût. *AEV*

Le jeûne ne peut aider à dominer le côté animal de notre nature que si on le pratique avec l'intention de se dominer soi-même. Car certains de mes amis ont effectivement remarqué qu'après avoir jeûné, leur sensualité s'en trouvait exacerbée. Il est donc parfaitement vain de vouloir jeûner si on ne s'efforce pas en même temps de parvenir à la maîtrise de soi.

AEV

Les instruments qui permettent d'accéder à la Vérité sont d'un maniement qui peut s'avérer aussi simple que compliqué. Une personne arrogante peut ne pas y arriver alors que pour un enfant innocent ce sera presque un jeu. Il faut être plus humble que la poussière pour mériter la Vérité.

AEV

On entend dire : « Les moyens, après tout, ne sont que des moyens. » Moi je dirais plutôt : « Tout, en définitive, est dans les moyens. » La fin vaut ce que valent les moyens. Il n'existe aucune cloison entre ces deux catégories. En fait, le

Créateur ne nous permet d'intervenir que dans le choix des moyens. Lui seul décide de la fin. Et seule l'analyse des moyens permet de dire si le but a été atteint avec succès. Cette proposition n'admet aucune exception.

THF

Les moyens sont comme la graine et la fin comme l'arbre. Le rapport est aussi inéluctable entre la fin et les moyens qu'entre l'arbre et la semence. *HS*

La purification de soi-même, bien qu'elle puisse sembler n'offrir aucune réalité palpable, est le moyen le plus puissant pour réformer son entourage et venir à bout des entraves les plus lourdes. Ce processus de purification opère d'une manière subtile et invisible. Malgré une apparente lenteur, plus d'une fois lassante, c'est le moyen par excellence le plus direct, le plus sûr et le plus court pour connaître la délivrance. On ne fait jamais trop d'efforts pour y parvenir, mais il faut au départ une foi inébranlable comme un roc. *THF*

La résistance passive est la plus sûre et la moins équivoque des méthodes, car si la cause défendue n'est pas juste, seuls pâtissent ceux qui ont décidé de résister. *THF*

La non-violence est la plus grande force que l'humanité ait à sa disposition. Elle est plus puissante que l'arme la plus destructrice inventée par l'homme. La destruction ne correspond nullement à la loi des hommes. Vivre libre c'est être prêt à mourir, s'il le faut, de la main de son prochain, mais jamais à le tuer. Quelle qu'en soit la raison, tout meurtre ou autre atteinte à la personne est un crime contre l'humanité. *MM*

Ce n'est pas être non-violent que se contenter d'aimer ceux qui nous aiment. La non-violence commence à partir de l'instant où l'on aime ceux qui nous haïssent. Je n'ignore rien des difficultés de ce grand commandement d'amour. Mais n'en est-il pas ainsi de toutes les choses grandes et bonnes ? La plus difficile de toutes est d'aimer ses ennemis.

Mais, si nous voulons vraiment y arriver, la grâce de Dieu viendra nous aider à surmonter les obstacles les plus redoutables. *THF*

Tant que, physiquement, nous existons, il n'est pas possible d'être parfaitement non violent, car le corps à lui seul est bien contraint d'occuper un minimum de place. Tant que nous ne sommes pas de purs esprits, la non-violence parfaite est aussi théorique que la ligne droite d'Euclide. Mais on ne peut faire autrement que de s'accommoder de ces contingences. *THF*

La non-violence ne consiste pas à « s'abstenir de tout combat réel, face à la méchanceté ». Au contraire, je vois dans la non-violence une forme de lutte plus énergique et plus authentique que la simple loi du talion qui aboutit à multiplier par deux la méchanceté. *THF*

Du point de vue de l'*ahimsa*, je ne fais aucune distinction entre les combattants et les non-combattants. Celui qui se met au service d'une bande de brigands est aussi coupable qu'eux, même s'il se contente de leur servir de porteur, de guetteur ou d'infirmier. De la même manière, ceux qui se bornent à soigner les blessés au cours de la bataille ne sauraient être absous de toute faute. *AEV*

La non-violence trouve toute son efficacité si elle tire sa force de l'esprit. La non-violence qui ne requiert que la seule participation du corps est celle des faibles et des lâches. Elle est alors tout à fait inopérante. Si nous gardons en nous le poison de la haine tout en prétendant ne pas vouloir nous venger, notre venin se retourne contre nous et nous conduit à notre perte. Si nous ne sommes pas capables d'avoir un amour fort et généreux, il faut au moins ne nourrir aucune haine, pour ne pas subir les conséquences dommageables d'une absence de violence qui ne serait que physique. *THF*

Je n'ai pas de plus grand amour que la non-violence. Ne peut l'égaler que mon amour pour la Vérité. Ces deux amours sont identiques puisque seule la non-violence permet d'atteindre la Vérité. Si ma vie est là pour témoigner que je considère d'un œil égal tous les adeptes des différentes religions de l'Inde, il est non moins vrai que je ne fais aucune distinction entre les diverses races. Pour moi, un homme est toujours un homme. MM

À mon avis, la non-violence n'a rien de passif. Elle est, au contraire, la force la plus active au monde… Elle est la loi suprême. Je n'ai pas encore rencontré de situation qui m'ait laissé complètement dépourvu en termes de non-violence. Il s'est toujours présenté à temps un remède. MM

Pour se défendre, point n'est besoin d'avoir la force de tuer. Mieux vaudrait avoir la force de mourir. Si on était parfaitement prêt à mourir, on ne désirerait même plus opposer de violence. Il existe un rapport inverse entre le désir de tuer et le désir de mourir. L'Histoire abonde en exemples d'hommes qui, morts avec courage et en pardonnant à leurs adversaires, ont réussi à convertir le cœur des plus acharnés d'entre eux. MM

La désobéissance, pour être civile, doit être sincère, respectueuse, mesurée et exempte de toute méfiance. Elle doit s'appuyer sur des principes bien établis, ne jamais être soumise au caprice et surtout ne jamais être dictée par la rancune ou par la haine. MM

Parmi les modernes, Tolstoï est le meilleur et le plus brillant des théoriciens de cette doctrine. Il ne s'est pas contenté d'en exposer les principes, mais s'y est conformé dans sa vie de tous les jours. MM

Ma non-violence n'admet pas qu'on fuie le danger en laissant les siens sans aucune protection. Je ne peux que préférer la violence à l'attitude de celui qui s'enfuit par lâcheté. Il est tout aussi impossible de prêcher la non-violence à un lâche que de faire admirer un beau spectacle à un aveugle. La non-violence est le summum du courage. MM

Je n'hésite pas à dire que là où existe seulement le choix entre la lâcheté et la violence, il faut se décider pour la solution violente. Ainsi, mon fils aîné m'a demandé ce qu'il aurait dû faire s'il avait été témoin de l'attentat qui a failli me coûter la vie en 1908 : fallait-il s'enfuir et me laisser assassiner ou recourir à la force physique pour me venir en aide ? Je lui répondis qu'il eût été de son devoir de me défendre, au besoin par la violence. Cette explication n'est pas sans rapport avec ma participation à la guerre des Boers puis à ce qu'on a appelé la révolte des Zoulous et enfin à la Première Guerre mondiale. C'est pour la même raison que je recommande l'entraînement militaire à ceux qui ne croient qu'à la violence. J'aimerais mieux que l'Inde défendît son honneur par la force des armes plutôt que de la voir assister lâchement et sans se défendre à sa propre défaite. *THF*

La civilisation au vrai sens du terme ne consiste pas à multiplier les besoins, mais à les limiter volontairement. C'est le seul moyen pour connaître le vrai bonheur et nous rendre plus disponibles aux autres.

THF

L'expérience m'a également montré que le silence fait partie de la discipline que doit s'imposer celui qui a fait vœu de servir la Vérité. L'homme est naturellement porté à exagérer les faits, à les dénaturer ou à les escamoter, même à son insu. Le silence est nécessaire pour surmonter ces faiblesses. Les propos d'un homme avare en paroles sont rarement dénués de sens. Chaque mot, dans ce cas, porte. *MM*

Le monde semble courir après les choses de valeur éphémère. Pour le reste, le temps lui manque. Et pourtant, quand on approfondit un tant soit peu le problème, on voit bien qu'en définitive seul importe ce qui est marqué du signe de l'éternité… Il en est ainsi du *brahmacharya*. *THF*

Il faut se réjouir de mourir s'il est impossible de vivre en homme libre. *THF*

La discipline a son rôle à jouer dans la stratégie non violente ; mais on exige encore bien autre chose. Dans une armée conforme au *satyagraha*, chacun est à la fois un soldat et un serviteur. Mais, au besoin, chaque soldat *satyagrahi* doit également être son propre général et savoir prendre des décisions. La discipline ne suffit pas pour l'aptitude au commandement. Il faut en plus de l'imagination et de la foi.

THF

De tous les maux dont l'homme s'est lui-même rendu responsable, nul n'est plus dégradant, révoltant et brutal que son exploitation éhontée de la meilleure moitié de l'humanité, qu'on appelle à tort le sexe faible. Des deux, c'est le sexe féminin qui est le plus noble car encore aujourd'hui il incarne la résignation, l'humilité, la foi et la sagesse.

MM

Le plus grand honneur que puissent me faire mes amis est de mettre en pratique, dans leur propre vie, le programme que je propose ou bien de s'y opposer de toutes leurs forces s'ils n'y croient pas.

MM

Dans le domaine de la politique, lutter dans l'intérêt du peuple consiste surtout à combattre l'erreur manifestée sous forme de lois injustes.
Le criminel enfreint les lois subrepticement et tâche de se soustraire au châtiment ; tout autrement agit celui qui résiste civilement. Il se montre toujours respectueux des lois de l'État auquel il appartient, non par crainte des sanctions, mais parce qu'il considère ces lois comme nécessaires au bien de la société. Seulement, en certaines circonstances, assez rares, la loi est si injuste qu'obéir semblerait un déshonneur. Alors, ouvertement et civilement, il viole la loi et subit avec calme la peine encourue pour cette infraction.

Young India, 5 novembre 1919.

La résistance passive est une méthode qui consiste à protéger ses droits par l'acceptation de la souffrance ; c'est le contraire de la résistance par les armes. Lorsque je refuse de faire quelque chose parce que cela répugne à ma conscience, je fais usage de la force de l'âme. *HS*

Aucun être humain ne peut prétendre avec certitude qu'il est dans le vrai, ou qu'une chose est fausse parce qu'il la considère comme telle ; il peut simplement dire qu'elle est fausse pour lui, conformément à son libre jugement. *HS*

La chasteté est l'une des plus grandes disciplines, hors de laquelle l'esprit ne peut atteindre la fermeté nécessaire. L'homme qui ne la pratique pas perd sa force virile, il s'amollit et devient lâche.

HS

La Vérité réside dans le cœur de tout homme. C'est là qu'il faut la chercher pour être guidé par elle, telle, du moins, qu'elle nous apparaît. Mais nous n'avons pas le droit de contraindre les autres à agir selon notre propre manière de voir la Vérité. MM

J'ai l'impression de mieux comprendre l'idéal de la Vérité que celui de l'*ahimsa* ; et mon expérience me dit que je ne serai jamais capable de percer l'énigme de l'*ahimsa* si je relâche mon effort pour saisir la Vérité… En d'autres mots, il se peut que je n'aie pas le courage de suivre la ligne droite. Car, en profondeur, la vérité et l'*ahimsa* ne représentent qu'une seule et même chose. En effet, le doute résulte invariablement d'un manque de foi. C'est pourquoi, jour et nuit, je prie Dieu d'affermir ma foi. *MM*

Il est impossible de s'identifier avec tout ce qui vit sans purification personnelle. Si on ne se purifie pas soi-même, il est vain et chimérique de vouloir observer l'*ahimsa*. À moins d'être pur de cœur, on ne peut jamais réaliser Dieu. Cette purification doit s'exercer sur tous les plans. Et du fait même de sa vertu hautement contagieuse, elle conduit à une purification de ce qui nous entoure. *AEV*

Une multitude de forces pèsent sur notre vie. La navigation serait aisée si, à partir d'un seul principe général, on pouvait déduire automatiquement toutes les décisions à prendre. Mais je n'ai pas le souvenir d'une seule fois où j'aurais pu agir avec une telle facilité. *THF*

Il n'est d'autre dieu que la Vérité. Telle est la conviction que l'ensemble de mon expérience n'a cessé de confirmer. Si chacune des pages qui précèdent n'a pas montré au lecteur que l'*ahimsa* est le seul moyen d'arriver à la Vérité, j'estime que je me serai donné du mal pour rien à écrire ce livre. Si, de toutes façons, ma démonstration n'a pas été convaincante, le lecteur doit bien se dire que la faute n'en est pas au principe même de l'*ahimsa* mais à ma manière de l'exposer. *AEV*

Tandis qu'autour de moi tout change et tout meurt, je perçois vaguement, sous ces apparences changeantes, une Force de vie qui demeure immuable et soutient tous les êtres : créés par Elle, ils s'y dissolvent pour être à nouveau créés. Cette Force, cet Esprit qui infirme toutes choses n'est autre que Dieu. Et comme nos sens ne nous montrent rien qui subsiste, j'en déduis que Dieu seul est.

MM

Cette croyance en Dieu doit s'appuyer sur la foi qui transcende la raison. Même pour parvenir à ce qu'on appelle la « réalisation », il faut, à la base, le soutien de la foi. C'est voulu par la nature même des choses. Qui peut transgresser les limites de son être ? Je prétends qu'il est impossible d'arriver à une réalisation parfaite tant que nous sommes dans ce corps.

MM

Pour moi, Dieu est Vérité et Amour ; Il est le Bien, source de la morale. En Lui nulle crainte n'est possible. De Lui viennent la Lumière et la Vie et pourtant Il est au-dessus et au-delà. Dieu est conscience morale. Il est même l'athéisme de l'athée… Il transcende la parole et la raison… C'est un dieu personnel pour ceux qui désirent Sa présence personnelle. Il est incarné pour ceux qui cherchent Sa présence tangible. Il est l'essence la plus pure. Pour ceux qui ont la foi, simplement, Il *est*. Il est tout ce qui est. Il est en nous et bien au-delà… *THF*

Dieu n'est ni au ciel ni aux enfers mais en chacun de nous. C'est donc en me consacrant au service de l'humanité que je pourrai, un jour, voir Dieu. *MM*

Les religions représentent des routes différentes qui convergent au même point. Peu importe si nos chemins ne sont pas les mêmes, pourvu que nous atteignions le même but. À vrai dire, il y a autant de religions que d'individus. *THF*

Aussi longtemps qu'il y aura diverses religions, on peut concevoir que chacune veuille avoir un ensemble de symboles qui la distingue des autres. Mais il faut rejeter ces signes distinctifs dès lors qu'on en fait de véritables fétiches et qu'on s'en sert pour prétendre que les autres religions sont inférieures.

THF

Qu'il s'agisse de temples, de mosquées ou d'églises, je ne fais aucune distinction entre ces différentes demeures de Dieu. Elles sont ce que la foi les a faites, une réponse à ceux qui désirent atteindre l'invisible. *MM*

Pour chercher Dieu, point n'est besoin d'aller en pèlerinage, d'allumer des lampes, de faire brûler de l'encens ou d'enduire de vermillon l'image de la divinité. En effet, Il demeure au fond de notre cœur. Si nous pouvions abolir en nous toute conscience du corps, nous Le verrions alors face à face.

THF

Je suis plus certain de Son existence que du simple fait que, vous et moi, nous sommes assis dans cette pièce. Il me serait plus facile de vivre sans air et d'être privé d'eau plutôt que de me passer de Sa présence. On m'arracherait les yeux que je survivrais. Mais qu'on vienne à détruire ma foi en Dieu et j'en meurs aussitôt. Appelez cela de la superstition ; dans ce cas, je vous avoue qu'elle m'est infiniment chère. On pourrait en dire autant d'un conseil que m'a donné une vieille gouvernante. Grâce à elle, dès l'enfance, j'ai pris l'habitude d'évoquer le nom de Rama au moindre danger. *MM*

Aussitôt qu'on perd le point d'appui constitué par la morale, on cesse d'être religieux. Une religion qui passerait outre aux exigences de la morale est tout à fait inconcevable. Il est impossible par exemple d'avoir Dieu de son côté tout en restant menteur, cruel et impur. *THF*

Quoi qu'il en soit, l'*ahimsa* représente les moyens, et la Vérité, la fin. Pour que les moyens restent des moyens, ils doivent toujours être à notre portée. Aussi l'*ahimsa* est-elle notre devoir suprême. Si on s'occupe des moyens, tôt ou tard on atteint la fin. Une fois qu'on a saisi ce point, la victoire finale ne saurait faire de doute. Quelles que soient les difficultés que nous rencontrons, quelles que soient nos apparentes défaites, il n'est pas question de renoncer à la recherche de la Vérité qui seule est, n'étant autre que Dieu lui-même. *THF*

Les prophètes et les *avatars* ont également prêché, plus ou moins, la valeur de l'*ahimsa*. Aucun d'entre eux ne s'est fait le porte-parole de la violence. Comment pourrait-il en être autrement ? La violence n'est pas de ces choses qu'il est nécessaire d'enseigner. En tant qu'animal l'homme est violent, mais en tant qu'Esprit il est non violent. Dès qu'il s'éveille aux exigences de l'Esprit qui demeure en lui, il lui est impossible de rester violent : ou bien il évolue dans le sens de l'*ahimsa*, ou bien il court à sa perte. C'est pourquoi les prophètes et les *avatars* ont exalté les mérites de la vérité, de l'harmonie, de la fraternité, de la justice et de tant d'autre attributs de l'*ahimsa*. *THF*

Il n'est pas une seule vertu qui ne puisse profiter qu'à un seul individu. Réciproquement toute faute morale commise par un seul porte préjudice non seulement au responsable mais aussi à beaucoup d'autres, directement ou indirectement. En conséquence, le fait qu'un individu soit vertueux ou immoral n'intéresse pas que lui-même mais la communauté tout entière. *THF*

Dans la mesure où nous sommes tous également soumis à la même loi morale, il est possible d'affirmer que l'humanité est une. Bien sûr, il existe des différences dues à la race, aux conditions sociales, etc. Mais plus la position d'un homme est élevée, plus grande est sa responsabilité. MM

Si nous sommes inhumains, nous ne pouvons demander à Dieu d'être délivrés de l'inhumanité des autres.

Young India, 1931.

Obéir à des lois qui répugnent à notre conscience est contraire à notre dignité humaine ; c'est offenser la religion, et c'est de l'esclavage. *HS*

Si l'homme se rendait simplement compte qu'il est contraire à sa nature d'obéir à des lois injustes, aucune tyrannie humaine n'aurait prise sur lui. Voilà le vrai chemin de l'autonomie. *HS*

Nul ne peut naître intouchable, puisque chaque être est une étincelle d'un seul et même Feu. Considérer que certains êtres humains sont intouchables depuis leur naissance est une conception fausse.
Éliminer l'intouchabilité, c'est aimer le monde entier et le servir, ce qui se confond donc avec l'*ahimsa*. Éliminer l'intouchabilité, c'est abattre les barrières qui séparent l'homme de l'homme, abattre les barrières qui séparent l'une de l'autre les différentes espèces de l'Être. *LA*

L'humble n'a pas conscience de son humilité. On peut essayer de mesurer la Vérité et d'autres choses semblables, mais non l'humilité. L'humilité innée ne peut jamais rester cachée, et pourtant son possesseur en ignore l'existence.

Sentir que nous sommes quelque chose, c'est élever une barrière entre Dieu et nous. Cesser de sentir que nous sommes quelque chose, c'est devenir un avec Dieu. Une goutte d'eau dans l'océan a sa part de l'immensité de l'ensemble, bien qu'elle n'en ait pas conscience. Mais elle s'évapore dès qu'elle entre dans une vie indépendante de celle de l'océan. *LA*

Dharma, c'est-à-dire la religion au sens le plus élevé de ce terme, englobe l'hindouisme, l'islamisme, le christianisme, etc., mais leur est supérieur à tous. Vous pouvez le distinguer en l'appelant Vérité, mais ce n'est pas celle des expédients sincères, c'est la Vérité vivante qui imprègne tout, qui survivra à toutes les destructions et à toutes les transformations. *Harijan*, 2 janvier 1937.

Le Dieu du musulman est-il autre que le Dieu de l'hindou ? Les religions sont comme des routes différentes convergeant vers un même point. Qu'importe que nous empruntions des itinéraires différents, pourvu que nous arrivions au même but. Quelle raison aurions-nous donc de nous quereller ? *HS*

La règle d'or de notre conduite est donc la tolérance mutuelle, puisque nous ne penserons jamais tous la même chose et que nous verrons la Vérité par fragments et sous différents angles. La conscience n'est pas la même pour tous. Elle est un bon guide pour la conduite individuelle, mais si l'on voulait imposer cette conduite à tous, ce serait un empiètement intolérable sur la liberté de conscience de chacun.

Young India, 23 septembre 1926.

Je suis persuadé que Dieu est parfaitement Un. L'humanité, par conséquent, forme un seul tout. Bien qu'ayant plusieurs corps, elle n'a qu'une seule âme. La réfraction fait que les rayons du soleil sont nombreux, mais leur source est unique. Je ne peux donc me désolidariser de l'âme la plus pervertie, et nul ne peut me refuser mon identité profonde avec la plus vertueuse.

THF

Pour voir, un jour, face à face, l'Esprit de Vérité qui pénètre l'univers tout entier, il faut arriver à aimer comme soi-même ce qu'il y a de plus insignifiant dans la création, et pour cela, il ne faut se soustraire à aucune des dimensions de la vie. C'est pourquoi mon amour de la Vérité m'a fait entrer en politique. Je peux affirmer, sans la moindre hésitation, et cependant en toute humilité, que c'est ne rien comprendre à la religion que de n'y voir aucun rapport avec la politique.

AEV

La politique coupée de toute religion n'est plus qu'une activité parfaitement vile. Il faut toujours se refuser à cette séparation. Puisque la politique se préoccupe du bien des nations, il est normal qu'un esprit religieux s'y consacre. Ce doit être là l'un des buts de celui qui cherche Dieu ou la Vérité. Je dis bien « Dieu ou la Vérité » car ces deux termes sont convertibles. Si quelqu'un m'apportait la preuve que Dieu ment ou qu'il prend plaisir à torturer les êtres, je refuserais de L'adorer. C'est pourquoi, en politique aussi, nous devons établir le Royaume des Cieux.

MM

Je vis pour la liberté de l'Inde et voudrais mourir pour elle. Ainsi le veut la Vérité. Car seule une Inde libre peut adorer le vrai Dieu. J'œuvre pour la liberté de l'Inde parce que mon *swadeshe* me dit qu'y étant né et qu'ayant hérité de sa culture, je suis précisément fait pour *la* servir et *elle* a droit par priorité à mes services. Mais mon patriotisme n'a rien d'exclusif. Il n'est pas destiné à nuire aux autres nations mais à ce que toutes puissent en bénéficier, au vrai sens du terme. La liberté de l'Inde, telle que je la conçois, ne peut en aucun cas être une menace pour le reste du monde. *THF*

La division de l'Inde entre Union indienne et Pakistan s'est produite en dépit de mes interventions. J'en ressens comme une blessure. Mais ce qui m'a surtout blessé, c'est la manière dont on a procédé à cette division. J'ai décidé de tout mettre en

œuvre pour éteindre cette conflagration, et d'en faire pour moi une question de vie ou de mort.

THF

Si j'étais dictateur, j'exigerais la séparation entre la religion et l'État. Ma raison de vivre me vient de la religion. Pour elle, je suis prêt à mourir. Mais c'est là une affaire purement personnelle. L'État n'a rien à voir là-dedans. Son domaine est celui du bien-être, de la santé, des communications, des affaires étrangères, des finances et autres problèmes purement temporels. Il n'a que faire de s'occuper de votre religion ou de la mienne. Cela ne regarde que chacun de nous.

THF

Je suis prêt à tout sacrifier pour mon pays sauf, bien sûr, deux choses et seulement deux : la Vérité et la non-violence. Pour rien au monde je ne les sacrifierais à quoi que ce soit. Car, pour moi, la Vérité est Dieu et il n'existe pas d'autre moyen pour la trouver que de suivre le chemin de la non-violence. Je refuse de servir l'Inde aux dépens de la Vérité ou de Dieu. Car celui qui commence par sacrifier la Vérité finit par trahir son pays et même par abandonner ses propres parents et les êtres les plus chers à son cœur.

THF

Malgré toute mon admiration et ma sympathie pour la noblesse de certaines causes, je suis résolument opposé à ce qu'on les défende par des méthodes violentes... Cependant, ma foi en la non-violence non seulement ne m'interdit pas mais peut éventuellement m'imposer de m'associer avec les anarchistes et tous ceux qui sont partisans de la violence. Cependant quand je fais route avec eux, c'est uniquement pour les faire renoncer à ce qui me paraît être leur erreur.

MM

Le non-violent dispose des armes du *satyagraha* et de la non-coopération, qui se sont avérées jusqu'à présent comme les meilleurs substituts de la violence, à condition d'en faire un usage honnête et modéré.

THF

Tout en m'initiant au *satyagraha*, je me suis aperçu que si on veut atteindre la Vérité, il faut détourner son adversaire de l'erreur avec patience et bonté au lieu de recourir à la force. Car ce qui pour l'un fait figure de vérité peut paraître faux aux autres. Par ailleurs, cette œuvre de patience signifie qu'on fait retomber sur soi-même les souffrances nécessaires. Ainsi, la vérité doit se faire connaître non par les souffrances qu'on inflige aux autres, mais par celles que l'on s'impose.

THF

La non-violence est un principe universel qui doit triompher même dans l'adversité. C'est précisément lorsqu'elle doit affronter un milieu hostile qu'on peut mesurer son efficacité. Notre non-violence ne rimerait à rien si son succès devait dépendre du bon vouloir des autorités en place. *THF*

Des amis m'ont dit que la vérité et la non-violence n'étaient pas à leur place dans la politique ou tout autre affaire temporelle. Tel n'est pas mon avis. Je n'em-

ploie pas ces moyens pour assurer mon salut personnel. J'essaye de m'en servir dans toutes les occasions de ma vie quotidienne. *THF*

La résistance passive est une méthode qui permet de défendre tout droit qui se trouve menacé en étant prêt à subir soi-même les souffrances qui peuvent en résulter. C'est donc le contraire de la résistance armée... Tout le monde admet que se sacrifier soi-même est infiniment plus noble que de sacrifier les autres. *THF*

Vous pourriez, bien sûr, objecter qu'il ne peut pas y avoir de révolte non violente et que l'Histoire n'en rapporte aucun exemple. Eh bien ! j'ai pour ambition d'en fournir un exemple et je rêve de voir mon pays parvenir à l'indépendance au moyen de la non-violence.

La non-violence n'est pas une vertu monacale destinée à procurer la paix intérieure et à garantir le salut individuel. Mais c'est une règle de conduite nécessaire pour vivre en société, car elle assure le respect de la dignité humaine et permet de faire avancer la cause de la paix, selon les vœux les plus chers de l'humanité. *THF*

Lorsque la guerre éclata entre les Anglais et les Boers, c'est à ces derniers qu'alla toute ma sympathie. Mais je croyais alors ne pas avoir le droit, en de telles circonstances, de tenir compte de mes convictions personnelles. Je pensais que pour jouir des droits d'un citoyen britannique, il fallait, en contrepartie, participer à la défense de l'Empire. À mon avis, l'Inde ne pouvait parvenir à une totale indépendance, vis-à-vis de cet Empire, que par lui et en lui. *AEV*

Je n'ai jamais de ma vie cherché à tirer avantage de ce loyalisme. J'y voyais surtout une sorte d'obligation morale, dont je devais m'acquitter sans en attendre de récompense. *AEV*

La « révolte » des Zoulous me donna matière à réflexion et enrichit de beaucoup mon expérience. En comparaison, la guerre des Boers ne m'avait pas révélé autant d'horreurs. Non seulement d'après moi, mais au dire de nombreux Anglais avec qui j'ai pu m'entretenir, cette « révolte » n'avait rien d'une guerre. C'était une véritable chasse à l'homme. Je souffrais cruellement d'entendre chaque matin l'écho des fusillades dans ces hameaux peuplés d'innocents. Mais je contenais mon écœurement en me disant que nous n'étions là que pour soigner les Zoulous. Savoir que, sans nous, ils seraient abandonnés me tranquillisait la conscience. *AEV*

Je ne soutiens nullement que tout ce qui est ancien est bon parce que c'est ancien. Je ne demande pas qu'on abandonne le sens critique que Dieu nous a donné en face de la tradition, comme on le ferait en présence de Dieu. Toute tradition en désaccord avec les règles de la morale doit être rejetée sans hésitation, même si elle remonte à la nuit des temps. Il en est ainsi de nos coutumes à l'égard des intouchables, du veuvage ou du mariage d'enfants. Si j'en avais le pouvoir, j'abolirais ces horribles pratiques mêlées de vieilles superstitions. *THF*

L'homme de vérité n'a pas toujours à agir en conformité avec la tradition. Il doit être prêt à faire œuvre de réformateur et s'il découvre avoir lui-même commis des erreurs, il doit le reconnaître publiquement, quelles que soient les conséquences, et tout faire pour y remédier. *AEV*

On peut s'assurer qu'un conflit a été réglé selon les principes de la nonviolence s'il ne laisse aucune rancœur entre les ennemis et en fait des amis. J'en ai fait l'expérience en Afrique du Sud avec le général Smuts. Ennemi irréductible au départ, il est devenu aujourd'hui mon ami le plus cordial. MM

L'interdépendance est et doit être, tout autant que l'autonomie, l'idéal de l'homme. L'homme est un être social. S'il n'entretient aucune relation avec la société, il ne peut ni prendre conscience de son unité avec l'univers, ni se dépouiller de son égoïsme. C'est son interdépendance sociale qui lui permet d'éprouver sa foi et de se mesurer lui-même à cette pierre de touche qu'est la réalité. MM

Je dois reconnaître qu'entre l'économie et l'éthique je ne trace aucune frontière précise, si tant est que je fasse la distinction. Le régime économique qui va à l'encontre du progrès moral d'un individu ou d'une nation ne peut être qu'immoral et, par conséquent, peccamineux. Il en va ainsi de tout système économique qui permet de se jeter sur un autre pays pour en faire sa proie.

MM

Quelle est la cause de l'actuel chaos ? C'est l'exploitation, je ne dirais pas des nations les plus faibles par les plus fortes, mais des nations sœurs les unes par les autres. Et mon objection principale à l'égard de la machine repose sur le fait qu'elle permet à des nations d'en exploiter d'autres. *THF*

Ce que je souhaite, c'est un changement dans les conditions de travail. Il faut mettre un terme à cette course délirante qui conduit à vouloir toujours plus d'argent. Le travailleur doit être assuré non seulement d'un salaire qui lui permette de vivre,

mais aussi d'une tâche quotidienne qui ne soit pas un métier d'esclave.
Il est bon de vouloir épargner la peine du travailleur, à condition que cette recherche soit honnête et humanitaire au lieu de répondre à l'appât du gain. Remplacez la cupidité par l'amour, et tout sera à sa place. *THF*

Je n'ai jamais envisagé, ni encore moins recommandé qu'on abandonne une seule des activités industrielles qui sont saines et profitables, par égard pour le filage à la main. L'emploi du rouet repose entièrement sur le fait qu'il y a en Inde des dizaines de millions d'hommes employés à temps partiel. Je dois admettre que s'il n'en était pas ainsi, le rouet n'aurait plus sa raison d'être. *THF*

Injuste est le régime économique qui ignore ou méprise les valeurs morales. Le fait d'étendre la loi de non-violence au domaine de l'économie ne signifie rien de moins que la prise en considération des valeurs morales pour fixer les règles du commerce international. *THF*

L'égalité économique est la clef de voûte de l'indépendance non violente. Œuvrer pour l'égalité économique revient à abolir l'éternel conflit entre le capital et le travail. Pour opérer un tel nivellement, il faut d'une part ramener à de justes proportions la fortune des quelques riches entre les mains desquels se trouvent concentrées presque toutes les ressources de la nation, et d'autre part relever le niveau de ces millions d'hommes à moitié morts de faim et qui n'ont plus rien à se mettre sur le dos. Un gouvernement non violent est absolument impossible aussi longtemps que subsiste l'abîme qui sépare les riches des millions d'affamés. *THF*

Ma conception de l'*ahimsa* me rendrait insupportable l'idée de donner un repas gratuit à une personne en bonne santé et qui n'aurait pas travaillé pour le gagner d'une manière honnête. Si j'en avais le pouvoir, je suspendrais tous les *sadavrata* où l'on sert des repas gratuits. Cette pratique a conduit à dégrader la nation en encourageant la paresse, l'oisiveté, l'hypocrisie et même le crime. *THF*

J'ai du mal à me figurer qu'un jour personne ne sera plus riche qu'un autre. Mais je me représente très bien l'époque où les riches répugneront à faire fortune au détriment des pauvres et où ces derniers cesseront d'envier les riches. Même dans le meilleur des mondes, nous ne réussirons pas à supprimer toutes les inégalités, mais nous pouvons et devons éviter que les hommes se battent et se détestent. Il y a de nombreux exemples, encore aujourd'hui, de riches et de pauvres qui vivent ensemble en parfaite amitié. Il ne nous reste qu'à multiplier ces exemples. *THF*

Toute exploitation suppose à l'origine une coopération, bénévole ou forcée, de la part de ceux qui sont exploités. L'intérêt s'en mêle, et nous serrons dans nos bras les chaînes qui nous retiennent prisonniers. Il faut mettre un terme à cette situation, et ce non pas en essayant d'exterminer propriétaires et capitalistes, mais en transformant les relations qui existent entre eux et le peuple pour les rendre plus saines et plus pures.

THF

La désobéissance civile est un droit imprescriptible de tout citoyen. Il ne saurait y renoncer sans cesser d'être un homme. La désobéissance civile ne donne jamais suite à l'anarchie alors que la désobéissance criminelle peut y conduire. Sous peine de disparaître, chaque État met fin à la désobéissance criminelle par la force. Mais ce serait vouloir emprisonner la conscience que de vouloir faire cesser la désobéissance civile. MM

La vraie démocratie, ou *swaraj* des masses, ne peut jamais s'obtenir par des moyens déloyaux ou violents. La simple raison en est que l'emploi de tels moyens suppose nécessairement qu'on se débarrasse de toute opposition en liquidant les adversaires. Ce n'est pas sur de telles bases qu'on peut établir un régime de liberté individuelle. Celle-ci ne peut trouver son plein épanouissement que sous un régime où l'*ahimsa* règne à l'état pur.

THF

Si nous sommes nés égaux en droits, nous n'avons pas tous les mêmes capacités. Il ne peut en être autrement, par la force des choses. Par exemple, nous ne pouvons pas tous avoir la même taille ou la même intelligence ; ainsi donc, par la nature même des choses, certains auront la possibilité de gagner plus que d'autres. Ceux qui, à cet égard, sont doués emploieront leur talent à avoir davantage. S'ils sont bien intentionnés, ils contribueront au bien public. *THF*

J'espère démontrer que le véritable *swaraj* ne viendra pas de la prise du pouvoir par quelques-uns, mais du pouvoir que tous auront un jour de s'opposer aux abus de l'autorité. En d'autres termes, on devra arriver au *swaraj* en inculquant aux masses la conviction qu'elles ont la possibilité de contrôler l'exercice de l'autorité et de la tenir en respect. *THF*

La procédure parlementaire n'est valable que si les députés sont disposés à se conformer à la volonté de la majorité. En d'autres termes, cette procédure s'avère efficace aussi longtemps que les volontés n'entrent pas en conflit. *THF*

Je ne cherche pas à libérer l'Inde du seul joug anglais. Je suis décidé à l'affranchir de toutes les formes de servitude qui pèsent sur elle. Je n'ai nulle envie d'échanger un roi soliveau contre un roi qui nous gruge. C'est pourquoi j'ai fondé le mouvement du *swaraj* où l'on exige de chacun qu'il se purifie intérieurement. *THF*

La tolérance mutuelle est donc la règle d'or de notre conduite. Il va de soi en effet que nous ne serons jamais tous du même avis et que la Vérité nous apparaîtra de manière fragmentaire selon des points de vue différents. La conscience ne nous parle pas à tous d'une façon identique. Sans doute est-elle un excellent guide pour chacun ; mais vouloir imposer aux autres les règles de notre conduite individuelle serait une entorse intolérable à notre liberté de conscience. *THF*

Le vrai démocrate est celui qui, avec des moyens purement non violents, défend sa liberté, partant celle de son pays et en fin de compte celle de l'humanité tout entière. *MM*

Mais si nous, les Indiens, nous prenons notre sort en main, les Anglais et le reste du monde s'occuperont de leurs propres affaires. Par conséquent, notre contribution au progrès du monde doit consister à mettre notre propre maison en ordre. *THF*

Dès l'instant où je suis devenu un *satyagrahi*, j'ai cessé d'être un sujet, mais je suis toujours resté un citoyen. Le citoyen obéit aux lois de son plein gré mais jamais sous la contrainte ou la peur des sanctions encourues en cas de violation. Il les enfreint quand il le juge nécessaire, et il est prêt à recevoir le châtiment prévu. Cela enlève à la peine infligée tout le côté comminatoire ou infamant qu'elle est censée impliquer. *THF*

Ma tâche sera terminée si je réussis à convaincre l'humanité que chaque homme, chaque femme, quelle que soit sa force physique, est le gardien de sa dignité et de sa liberté. Cette protection est possible même si le monde entier se retourne contre celui qui est seul à résister. *THF*

Autrefois les hommes étaient réduits en esclavage par la contrainte physique. Maintenant, ils le sont par la tentation que représente l'argent et tout ce qu'il permet d'acquérir. *HS*

Ma conviction est que l'Inde est écrasée non par les Anglais mais par la civilisation moderne. Ses effets sont mortels : les gens se laissent attirer par elle et s'y brûlent, comme des papillons à la flamme d'une bougie. Ils se détachent complètement de la religion, et ne retirent que bien peu d'avantages du monde. La civilisation nous flatte tout en nous suçant le sang. *HS*

La civilisation est ce mode de vie qui montre à l'homme où est son devoir. Se conformer à la morale, c'est atteindre la maîtrise de soi et de ses passions. Ainsi nous apprenons à nous connaître. En goujarati, civilisation se dit « bonne conduite ». *HS*

Ne tremblez-vous pas à l'idée de libérer l'Inde par l'assassinat ? Notre

devoir est de nous sacrifier nous-même. C'est lâcheté que de tuer les autres. Qui croyez-vous libérer par l'assassinat ? Seuls ceux qui ont été contaminés par la détestable civilisation moderne avancent de pareils arguments. *HS*

L'ambition pécuniaire et la résistance passive ne vont guère ensemble. Cela ne veut pas dire que ceux qui possèdent de l'argent soient tenus de le jeter, mais bien de le considérer avec indifférence. *HS*

Un adepte du *swadeshi* étudiera son milieu avec soin et s'efforcera d'aider ses voisins chaque fois que c'est possible en donnant la préférence aux produits locaux, même s'ils sont de qualité inférieure ou s'ils reviennent plus cher que les produits fabriqués ailleurs.
Le véritable adepte du *swadeshi* n'entretiendra jamais d'animosité contre l'étranger, il ne se laissera pas pousser par un sentiment d'hostilité contre qui que ce soit. Le swadeshisme n'est pas un culte de haine. C'est une doctrine de service désintéressé, qui plonge ses racines dans le plus pur *ahimsa*, c'est-à-dire dans l'amour. *LA*

Il n'y a pas de « gandhisme » et je ne veux pas voir de secte se constituer après moi. Je ne prétends nullement avoir été à l'origine d'une nouvelle doctrine. J'ai simplement voulu, à ma manière, appliquer aux problèmes de notre vie quotidienne des principes de valeur éternelle. Il n'est donc pas question pour moi de laisser un code comme celui de Manu. *THF*

Ai-je en moi la non-violence des courageux ? Ma mort seule le dira. Si, à la suite d'un attentat, je meurs en priant pour mon assassin, tout en gardant dans le cœur le sentiment de la présence de Dieu, alors seulement il sera possible d'en déduire que j'ai la non-violence des courageux. *THF*

Glossaire

Ahimsa

Non-violence. C'est véritablement la force de l'amour, exempte de toute pensée mauvaise.

Ashram

Groupe de disciples qui s'assemblent autour d'un maître pour apprendre à pratiquer une discipline spirituelle. On appelle aussi ainsi le lieu où ils vivent.

Avatar

Incarnation d'un dieu.

Brahmacharya

Vœux de chasteté prononcés afin de mener une vie d'ascèse, consacrée à la purification de soi.

Charkha

Rouet servant à filer le coton.

Castes

Division de l'humanité en cinq groupes destinés à des tâches différentes, que l'on retrouve sous diverses formes dans la plupart des sociétés humaines. La spécificité indienne porte sur la force d'application de ce principe. Il existe quatre castes, ou *varna*. Les *brahmana* sont nés de la bouche et détiennent la connaissance. Les *kshatriya* ont des fonctions de protection et d'autorité (cette caste est très peu représentée dans le monde moderne). Les *vaishya* s'occupent de commerce, d'élevage et d'agriculture. Ils sont chargés de la protection des vaches sacrées. Les *sudra* sont des artisans ou des ouvriers, en général libres. Les intouchables sont hors caste. « Parias », ils sont employés aux besognes réputées les plus sales ou les plus dégradantes. On les nomme aussi *adivasi*, et Gandhi les appelait *harijan*, « peuple de Dieu ».

Himsa

Violence.

Mahatma
Littéralement, « grande âme ».

***Manu* (ou *Manou*)**
Ancêtre de la race humaine, premier roi et législateur, Manu est réputé avoir laissé un code de lois, qui fixe notamment le système des castes, et fit autorité en matière religieuse. C'est le « code de Manu », ou encore *Manavadharmasastra*.

Moksha
Accomplissement de soi, vision de Dieu face à face, affranchissement du cycle des renaissances.

Satyagraha
Étreinte de la Vérité, revendication civique du vrai.

Swadeshi
Protection de tout ce qui est indigène. Principe selon lequel on n'utilise que des produits locaux.

Swaraj

Autonomie. *Swa* signifiant soi-même, et *raj* gouvernement.

Veda

Textes les plus anciens et les plus sacrés des Écritures hindoues.

Principales œuvres de M. K. Gandhi

All Men are Brothers
Unesco, 1958, traduction française :
Tous les hommes sont frères, traduction
de Guy Vogelweith, Commission française
pour l'Unesco, 1969.

An Autobiography or the Story of my Experiments with Truth
Navajivan Publishing House, Ahmedabad,
1927, 1929, traduction française :
Autobiographie ou Mes expériences de vérité,
traduction de Georges Belmont,
Presses universitaires de France, Paris, 1950.

Bapu's Letters to Mira
1924-1948, Navajivan Publishing House,
Ahmedabad, 1949.

Basic Education
Navajivan Publishing House, Ahmedabad,
1951.

Communal Unity
Navajivan Publishing House, Ahmedabad, 1949.

Diet and Diet Reform
Navajivan Publishing House, Ahmedabad, 1949.

Economics of Khadi
Navajivan Publishing House, Ahmedabad, 1941.

Economic and Industrial Relations
Trois volumes, Navajivan Publishing House, Ahmedabad, 1957.

From Yeravda Mandir
Navajivan Press, Ahmedabad, 1937, traduction française : *Lettres à l'Ashram*, traduction et préface de Jean Herbert, Albin Michel, Paris, 1948.

Harijan
Navajivan Press, Ahmedabad, 1933-1940, 1942, 1946-1948.

Hind Swaraj, or Indian Home Rule
Navajivan Press, Ahmedabad, 1938.

Jail Experience
Tagore & Co, Madras, 1922.

Non-violence in Peace and War
Deux volumes, Navajivan Publishing House, Ahmedabad, 1948, 1949.

Non-violent Resistance
Schocken, New York, 1967.

Satyagraha
Navajivan Publishing House, Ahmedabad, 1951.

Unto this Last
Navajivan Publishing House, Ahmedabad, 1951.

Women and Social Injustice
Navajivan Press, Ahmedabad, 1942.

Young India
Navajivan Press, Ahmedabad, 1919-1932.

Young India
S. Ganesan, Madras, 1919-1922, 1924-1926, 1927-1928.

Sources

Les abréviations mentionnées ci-dessous correspondent aux ouvrages dont sont extraites les citations de cet ouvrage.

AEV : *An Autobiography or the Story of my Experiments with Truth*, Navajivan Publishing House, Ahmedabad, 1927, 1929, traduction française : *Autobiographie ou Mes expériences de vérité*, traduction de Georges Belmont, Paris, Presses universitaires de France, 1950.

THF : *All Men are Brothers*, Unesco, 1958, traduction française : *Tous les hommes sont frères*, traduction de Guy Vogelweith, Commission française pour l'Unesco, 1969.

HS : *Hind Swaraj, or Indian Home Rule*, Navajivan Press, Ahmedabad, 1938, traduction française : *Leur civilisation et notre délivrance*, traduction de Lanza del Vasto, Denoël, 1957.

WSI : *Women and Social Injustice*, Navajivan Press, Ahmedabad, 1942.

MM : *The Mind of Mahatma Gandhi*, compilé par R. K. Prabhu et U. R. Rao, Oxford University Press, Bombay, 1945.

LA : *From Yeravda Mandir*, Navajivan Press, Ahmedabad, 1937, traduction française : *Lettres à l'Ashram*, traduction et préface de Jean Herbert, Albin Michel, Paris, 1948.